Glasritzen
グラスリッツェン

美しい手彫りガラスの世界

伊藤啓子

鳥　各h9×w5.8×d1.5cm

はじめに

グラスリッツェンは、
先端にダイヤモンドの微粒子がついた専用の針を使い、
鉛筆で絵を描くような軽いタッチでガラスを彫る
ヨーロッパの伝統工芸です。
長い年月を経て、針の改良や良質なガラスの確保等により
少しずつ発展し進化してきました。
今では日本にも愛好者がたくさん増え、
手軽に楽しめる工芸となりました。

グラスリッツェンの良さが一番出るのは、やはり植物を彫る時でしょう。
機械に頼ることなく、全てが手彫りの為、
隅々まで細やかなタッチの表現をする事が可能になり、
非常にリアルで柔らかな風合いの作品に仕上がります。

今のようなハイテクの時代だからこそ、手間を掛けた繊細な作品が
見る人の心を惹き付けるのでしょう。
道具も少なく、手軽に始められる工芸ですが、大変奥は深く、
更に色々な表現をした作品を作りたいと、また、思うのです。

グラスリッツェンの魅力

機械に頼らず、自分の好きな時間に
手軽に楽しめるグラスリッツェン。
椅子に座り、コーヒーを飲みながら
少しずつ彫る過程を楽しむ大切なひととき。
ゆったりとした時間が流れます。

洋食器や和食器の食卓にも
柔らかく溶け込むグラスリッツェン。
モノトーンの上品で繊細なガラスが、
ライフスタイルの中にやさしくマッチします。

この本では、グラスリッツェンによる
テーブルコーディネートもご紹介しています。
それぞれのシーンに相応しい、
美しいおもてなしでお客様をお迎えすると、
毎日の生活がより楽しいものになるでしょう。

CONTENTS

Part 1

SCENE
グラスリッツェンが彩る、日常の様々なシーンをご紹介します。

- SCENE 1 ｜アフタヌーンティー …………………………… 8
- SCENE 2 ｜キッズクリスマス …………………………… 14
- SCENE 3 ｜今日は、友人夫婦と我が家でディナー ……… 18
- SCENE 4 ｜ナイトキャップ ……………………………… 28
- SCENE 5 ｜山で過ごす時間 ……………………………… 34

Part 2

グラスリッツェンの世界
グラスリッツェンの魅力のすべてを、余すところなく表現しました。
みなさまを美しいガラスの世界へといざないます。

- 作品集 ……………………………………………… 48
- グラスリッツェンをはじめましょう ……………… 78
- 使用した針について ………………………………… 79
- 色々な彫り方 ………………………………………… 80

Part 3

パターン集
制作に使用したパターンを、特別に収録しました。

- パターン集 ………………………………………… 82

***

- 作品リスト ………………………………………… 126

* 本書に記載している作品データは、作品番号、作品名、サイズ（高さ〔h〕×幅〔w〕× 奥行き〔d〕、高さ〔h〕×径〔D〕）の順に記しています。
* 本書に登場する POINT は制作するうえでのコツを、 ADVICE はグラスリッツェンを もっと楽しむためのアイデアをご紹介しています。
* 作品番号07、27、29、31、34、35、39、43、52は、ガラス作家の島村信一氏制作。

SCENE 1
アフタヌーンティー
Afternoon Tea

昼下がり、お友達が
おしゃべりにやって来ます。
お花が好きな彼女の為に、
アネモネとチューリップの模様の
お皿を用意しました。
二段トレーには
スイーツを数種類用意して、
自分で好きなだけ取っていただきます。
小さめのお花も必ず添えて…。
庭で採れたミントを使った
ハーブティーの香りもひろがり、
いつまでも楽しい会話が続きます。

01
アネモネ
h 2 × D 24.5 cm

02
チューリップ
h 2 × D 24.5 cm

最近は色々な形のチューリップが出回っています。
つぼみの頃はとてもスリムなこのチューリップも、開くと大変華やかになり、
全く別のお花の様です。

03

二段トレー
いちご

h 30 × D 30 cm

04
ピッチャー
シダ
h14 × w23 × d15 cm

05
グラス
シダ
各 h9 × D7.5 cm

(POINT)

好みのシダを押し葉にします。
乾燥したら、ガラスの内側に沿わせテープで留め、輪郭線を彫ります。
シダを生のまま使うとカールしてしまい、上手に型がとれません。グラスやピッチャーなどカーブの大きいものは、パターンをコピーして使用するよりも押し葉の方が柔らかく曲げられる為、配置の融通がききます。

SCENE 2
キッズクリスマス
Christmas for Kids

クリスマスは、
大人も子どももワクワクする
大切なイベント。
小さな紳士淑女たちも、今日は
ちょっぴり気取ってやってくる事でしょう。
まだ小さい子どもたちのパーティーには、
ガラスではなく、
プラスチックのグラスを用意します。
「トナカイさんがいい！」
「サンタさんがいい！」と、
どのグラスがいいか盛り上がりそうです。
松ぼっくりやどんぐりも使った
楽しく賑やかな飾り付けで、
ちびっこたちを迎えます。

06

クリスマスグラス

各 h 8 × D 8 cm

ADVICE

グラスリッツェンは、ガラスだけでなくプラスチック素材にも彫る事が出来ます。子ども用には取っ手の深い、軽いものが良いでしょう。
サンタさんやプレゼントなどのパターンを可愛く彫ります。

SCENE 3
今日は、友人夫婦と我が家でディナー
Dinner Time

まずは、シャンパンで乾杯！
季節のフレッシュなフルーツや
グリーンをたくさん使ったシックな大人の
アレンジメントのテーブルが、
やさしくふたりをお迎えします。
メインプレートは
秋の植物模様のグラスリッツェンを
楽しんでいただきましょう。
小鉢もお揃いのものを用意して…。
そして食後は、
ミニバラを彫ったデザートグラスに
手作りのシャーベットを。
イニシャル入りのカトラリーレストは
帰りにお土産としてプレゼント。
おしゃれなふたりのテーブルで、
活躍してくれる事でしょう。

07
シャンパンクーラー
モンステラ
h 20.5 × w 33 × d 18 cm

シャンパンクーラーは、特別に注文した
金箔入りのお気に入りのもの。
ぼかし彫り (p.80) でモンステラを彫りました。

08

ディナー皿
ザクロ

h 2.5 × D 25.5 cm

ADVICE

ゲストをお招きする時は、お料理を乗せる前にメインプレートをセッティングした状態で、グラスリッツェンの模様を楽しんでいただくと良いでしょう。
その後、お料理をサーブし召し上がっていただけば、おもてなし感がいっぱいの特別なテーブルになり、会話も弾みます。

09

ディナー皿
クズ

h 2.5 × D 25.5cm

10
ディナー皿
サンキライ
h 2.5 × D 25.5 cm

11
ディナー皿
カラスウリ
h 2.5 × D 25.5 cm

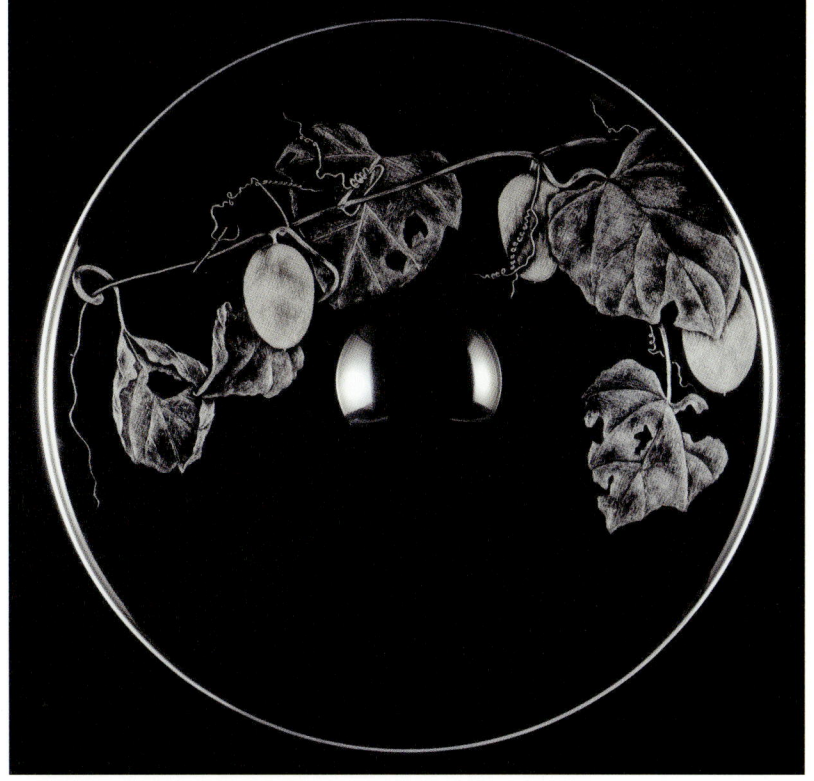

12
小鉢
（ディナー皿とセット）

各 h 4.5 × w 14.3 × d 12 cm

13
デザートグラス
ミニバラ

各 h 10.2 × D 6.3 cm

14
シャンパンフルート
バラ

各 h 24.5 × D 5.3 cm

15

ディナーベル
サンキライ

h 14 × D 7.3 cm

16

キャンドルスタンド
ドングリ

各 h 12 × w 4.8 × d 4.8 cm

POINT

キャンドルスタンドなど上下を変えて使えるものは、彫る模様もどちらが上に来ても良いようにパターンを配します。

17
カトラリーレスト
各 h 1.5 × w 12 × d 2 cm
ガラス用塗料使用

SCENE 4
ナイトキャップ
Nightcap

慌ただしかった一日の終わりに、
ほんの少しのお酒でくつろぎの時間を。
キャンドルに灯をともし、
軽くつまめるものと
楽しみながら彫ったガラス達の登場で、
明日もまた元気に！

18

デキャンター
ヴェネチアの風景
h 34 × w 14 × d 6.5 cm

ヨーロッパ旅行の最後に、
ヴェネチアに寄りました。
ゴンドラが浮かんでいるさまは、
とても情緒があります。
何を彫るか決めかねていた
素敵なデキャンターに、
帰ってからさっそく、
水の都の風景を彫りました。

19
リキュールグラス
菊

左:各 h 12 × D 5 cm

20
プチトレー
バラ

下:各 h 1.8 × w 8.5 × d 5 cm

21
トールグラス
タデ

右:各 h 10.5 × D 3.8 cm

22

キャンドルホルダー
虫の行列

h 18 × D 8 cm

SCENE 5
山で過ごす時間
In the Villa

時々、
山の中腹にある山荘に出掛けます。
大きな杉や楢の木に囲まれた
緑がいっぱいのさわやかな空間。
とても美しいブルー色のオオルリや
シジュウカラ等、
たくさんの可愛い鳥たちがやって来ます。
山に自生するヤシャブシ、ナルコユリ等
様々な植物もスケッチし、
パターンに利用します。
全てが自然の造形美。
山で時間を過ごすようになってから、
自然がとても身近に感じられるように
なりました。

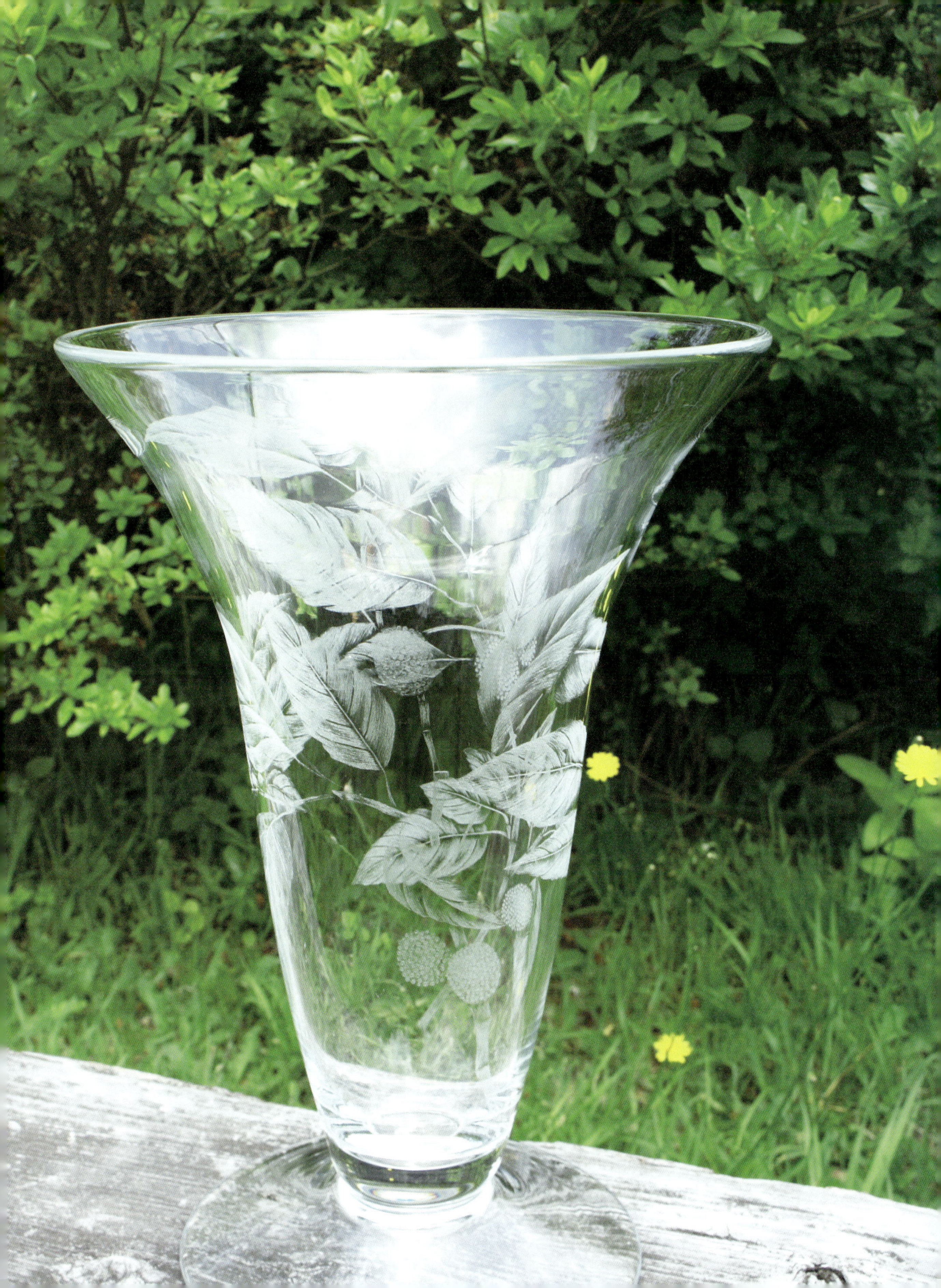

23
ヤシャブシ
h 35 × D 23.5 cm

24
ノブドウ
h 13 × w 12.5 × d 12.5 cm

25
ナルコユリ
h 2.5 × D 21.5 cm

26

シュンラン

h 2.5 × D 21.5 cm

山に早春に咲くシュンラン。
とても地味な花ですが、よく見るとちゃんと蘭です。
山野草を取り扱う園芸店でも見る事が出来ます。

POINT

根っこの部分も彫ると面白いでしょう。その上のひげの様な所はサインペンで囲っておき、先に下の根っこの部分を彫ってから、下から上に向かって少しゆらゆらとした感じに彫ると雰囲気が出ます。

27
晩秋
h 48 × D 26 cm

冬には欠かせない暖炉。
家中があたたかくなります。

素人ながら、シイタケを栽培しています。
春と秋の年2回、収穫できます。

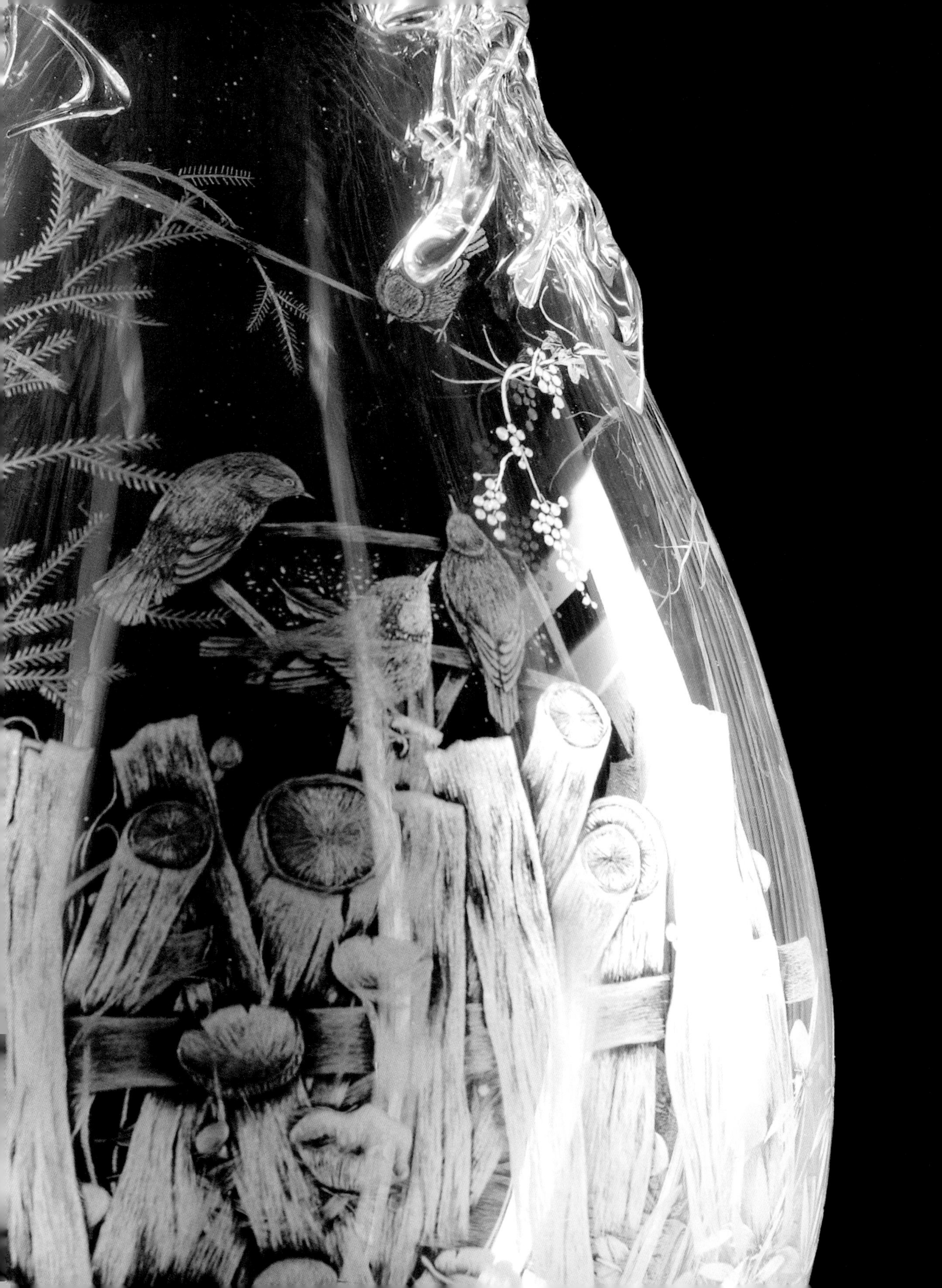

28
野草のささやき
（アザミ・クズ・ノブドウ・雑草・蜂）
D 50 cm

全てが自然からの素敵な贈り物。
小さな蜂も、遊びに来ています。
以前はあまり気にも留めていなかった草たちをじっくり見ると、
とてもきれいでそれぞれに主張があり、
よく出来ていると感心してしまいます。
ノブドウの実は、裏と表からの両面彫り (p.80)。

29
山百合
h 40 × D 30 cm

山百合は山の夏の王様。風格ある姿が魅力です。
種がこぼれて山中にたくさん自生しています。

30
青の魅力
（サンキライ）
h 6 × w 46 × d 17 cm

サンキライの実は、秋から冬にかけて赤くなり、鳥の大好物。
リース作りにも活躍します。
クリアーなガラスと違い、色のあるガラスは裏面から彫ると模様が少し和らぎ、
それがとても良い雰囲気に仕上がります。

31
オブジェ
籠たち
D 15 cm

山荘の楽しいコレクション

32

ザクロ

h 55 × D 17.7 cm

Part 2

グラスリッツェンの世界

作品集

33

Petit Bouquet

h 16.8 × D 13 cm

34
ミモザ
h 3 × w 55 × d 35 cm
ガラス用塗料使用
（花部分）

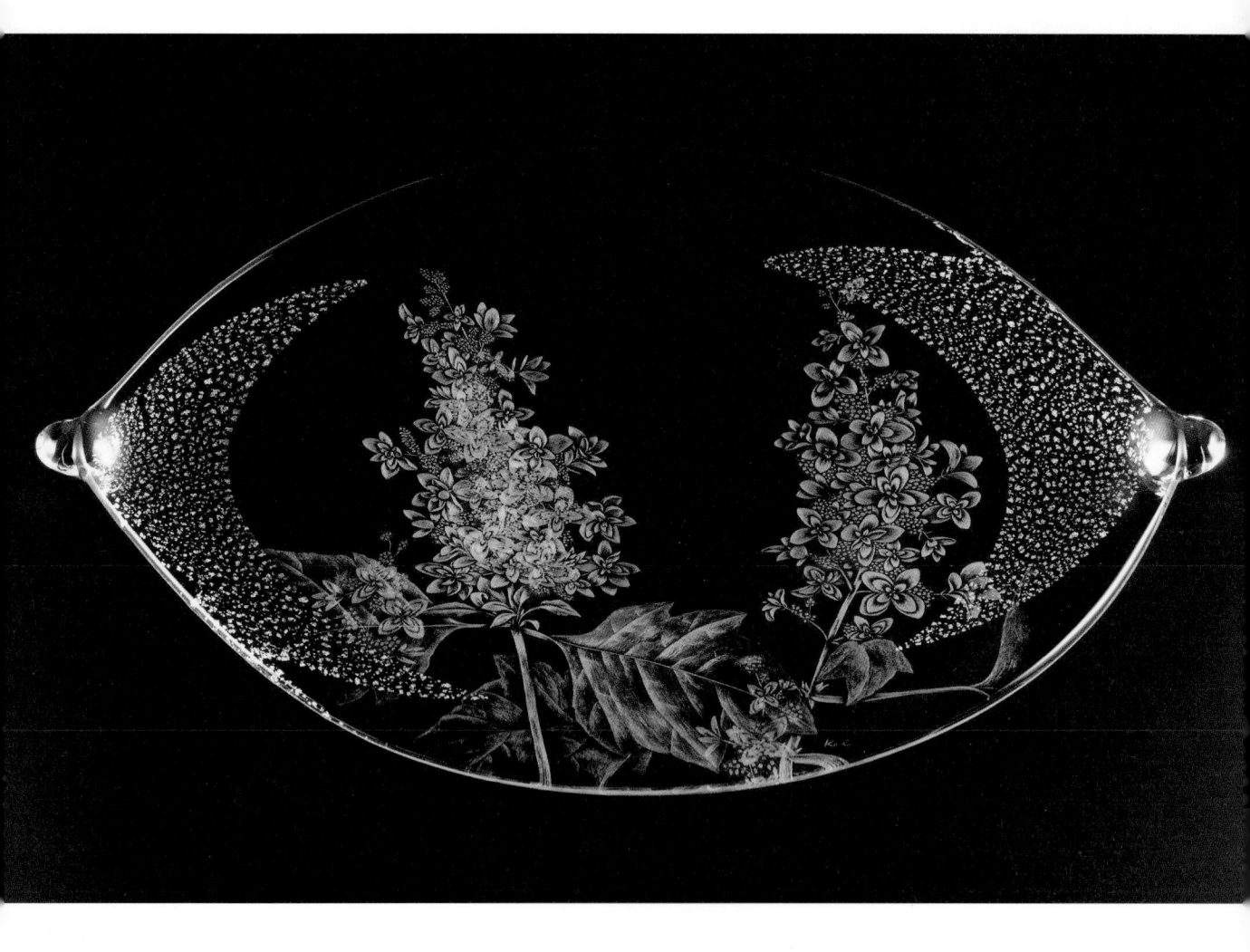

35
カシワバアジサイ
h 3 × w 48 × d 32 cm

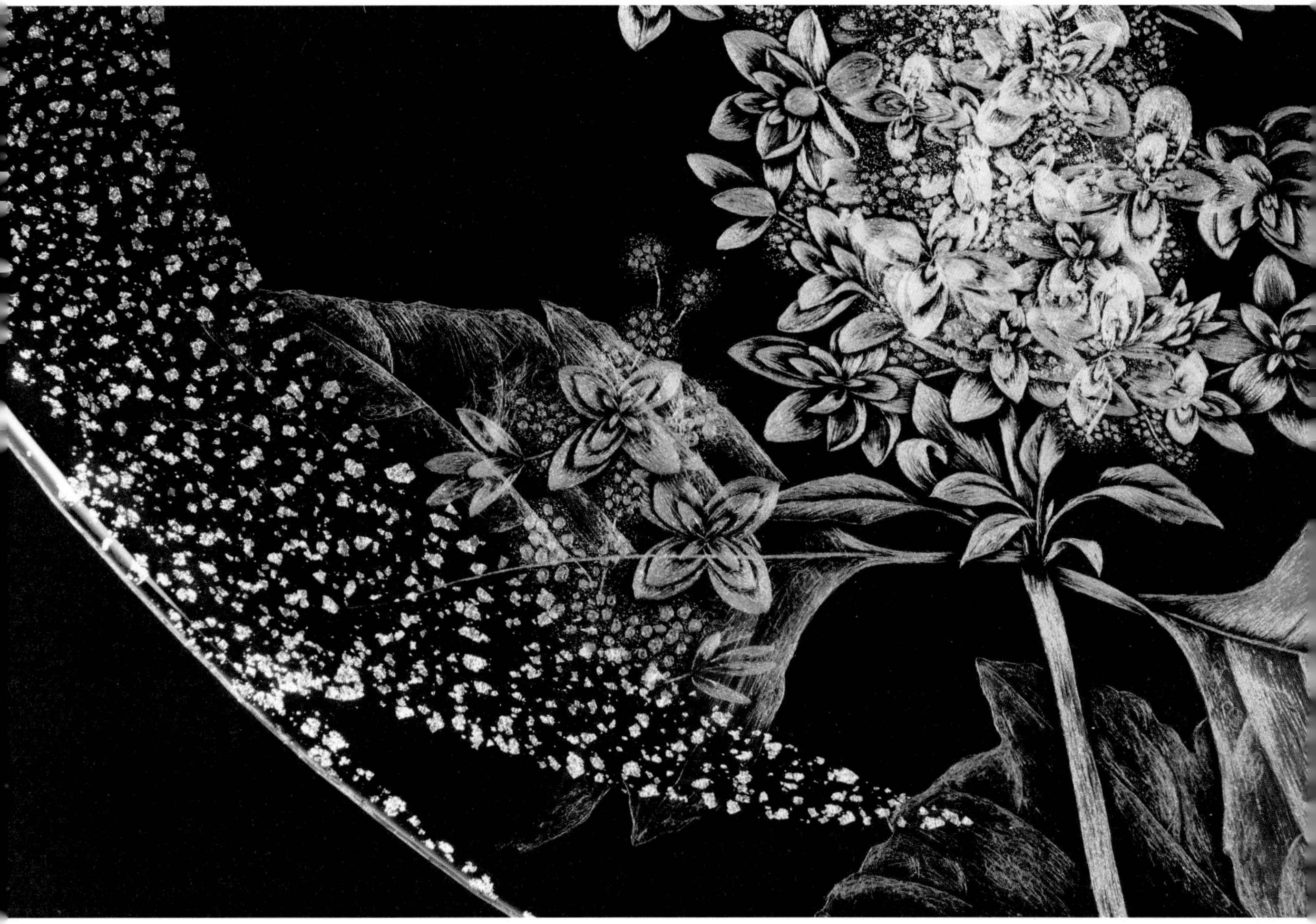

36
グロリオサリリー
h 71 × D 23 cm

37
デキャンター
葉
h 26 × w 9 × d 9 cm

38
グラス
葉
各 h 7.5 × D 5.7 cm

39
浮遊菊
h 4.8 × w 49 × d 21 cm
ガラス用塗料使用

> **POINT**
>
> 裏面から花と葉を全て彫り終えたら、表側から小菊を所々に彫り足します。
> 水面に小菊がポトンと落ちて、浮遊している様に…。
> (一部合わせ彫り〔p.80〕)

40
ミニトマト
h 10 × D 29 cm

夏にミニトマトを育てました。
この作品に彫ったのは、「アイコ」と言う楕円形の品種。
たくさんの実が付きました。
5mmほどの可愛いマイクロトマトや、
個性的な色のブラック系ミニトマト等、
毎年違う種類を楽しんでいます。

POINT
上に跳ね上がっているガクをはっきりと彫り、実は膨らみを強調して彫りましょう。
葉はぼかし彫り（p.80）で、ザラッとしたトマトの葉の感じを出します。

41
里山の風景
h 24.5 × w 15 × d 9 cm

> **POINT**
>
> 手前のガラス面には木や家を、後ろのガラス面には山並み を彫り、遠近感を出します。森の木は単調にならないよう、 ぼかし彫り（p.80）やダイヤモンドポイントペン（p.79）を使 い、少しずつ木の形や彫り方を変えると良いでしょう。
> 手前の湖面に風景が映っています。水面は軽くダイヤモンド ポイントペンで打っておきます。

42
きのことかぼちゃ
h 14.5 × D 14 cm

43
ほおずき
h 9.8 × D 18.5 cm

44
スイートピー
h 13 × w 11 × d 10 cm

45

色被せガラス
デキャンター
牡丹

h 25 × D 13 cm

ガラス用塗料使用

46
色被せガラス
デザートグラス
バラ、牡丹
各 h 11 × D 9.7 cm

47
Antique
各 h 3 × w 13 × d 9.8 cm

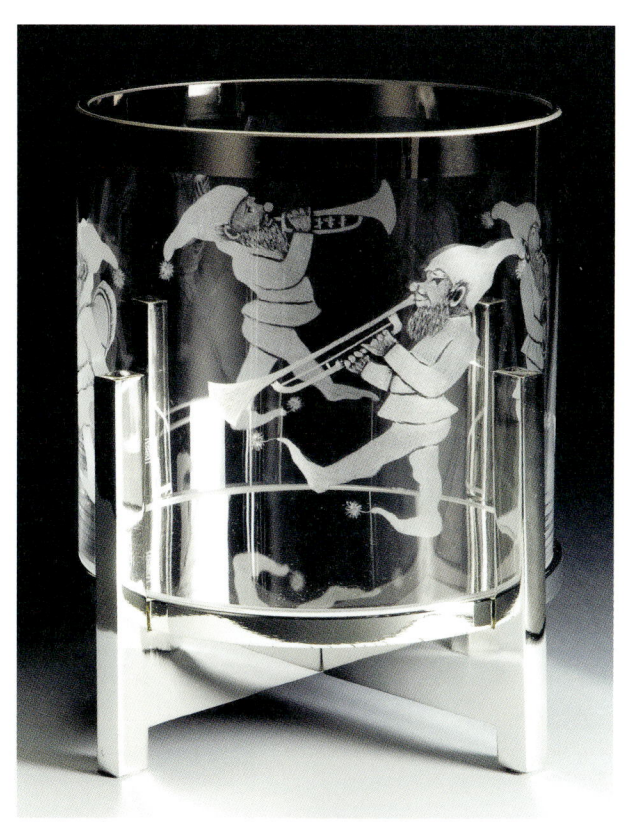

48

Marching Band

h 15.7 × D 12 cm

49
Flower Garland
（アネモネ・カシワバアジサイ・カーネーション・テッセン・ポピー）
h 22 × D 31.5 cm

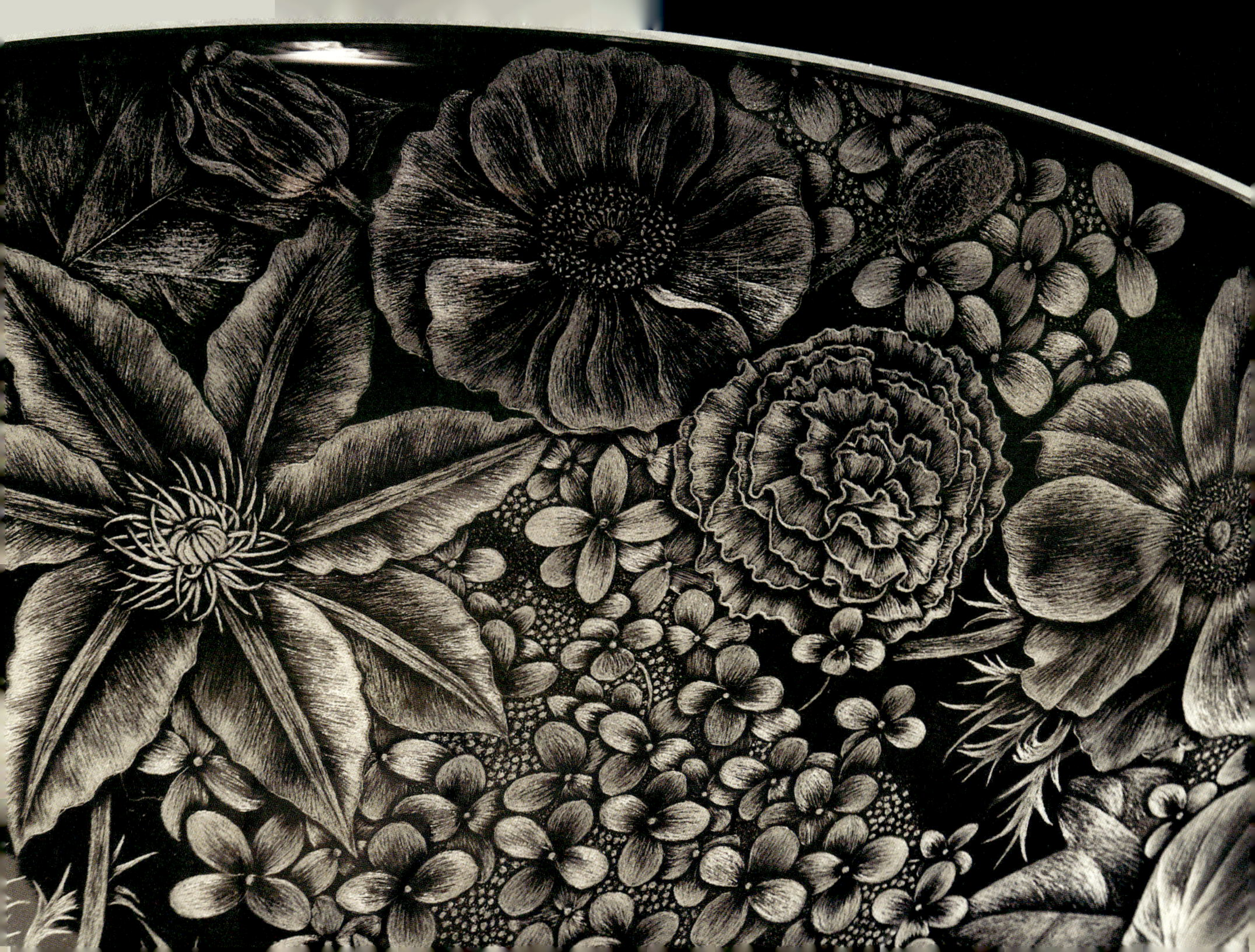

50
アツモリソウ
h 2.5 × D 21.5 cm

51
カラー
h 14.5 × D 23.3 cm

> **POINT**
> シンプルな形のカラーは、うまく彫れたかどうかが、はっきりと分かる花材です。充分に花の彫り方をマスターしてからトライしましょう。

52

群生
（ドクダミ）

h 12 × w 65 × d 35 cm

ガラス用塗料使用
（ドクダミ花芯部分）

作品を作る上で一番大切にしているのは、
ガラスの形と彫るデザインがマッチしているかということです。
お気に入りのガラスが更に素敵になるような作品作りを心掛けます。

POINT

ドクダミの楚々とした姿も、群生するとまた特別に美しい趣きがあります。
全体のバランスを考え裏面を彫った後、表からも彫り足し、たっぷりとした風情にしました。花芯には、ガラス用の塗料を塗ってあります。

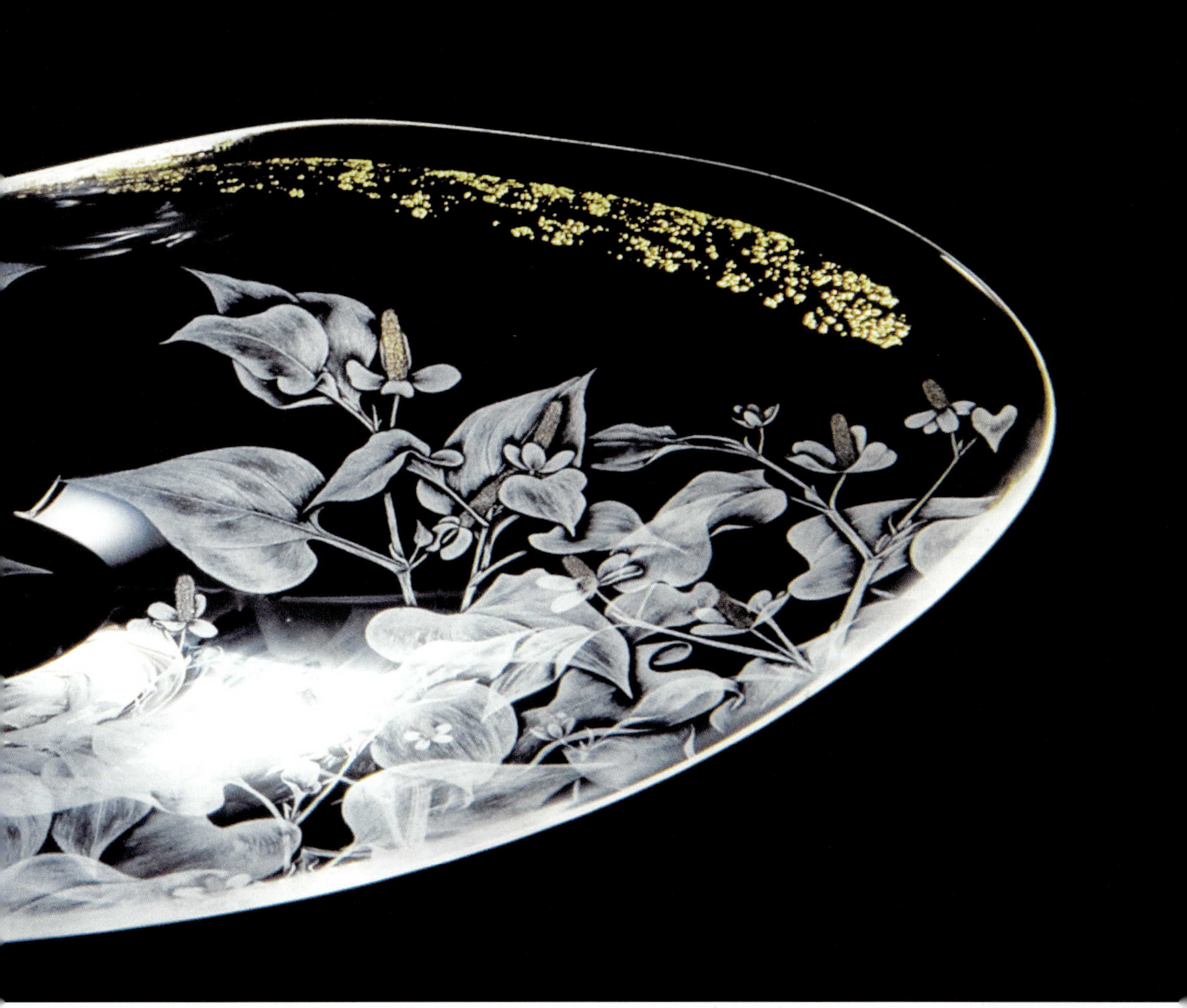

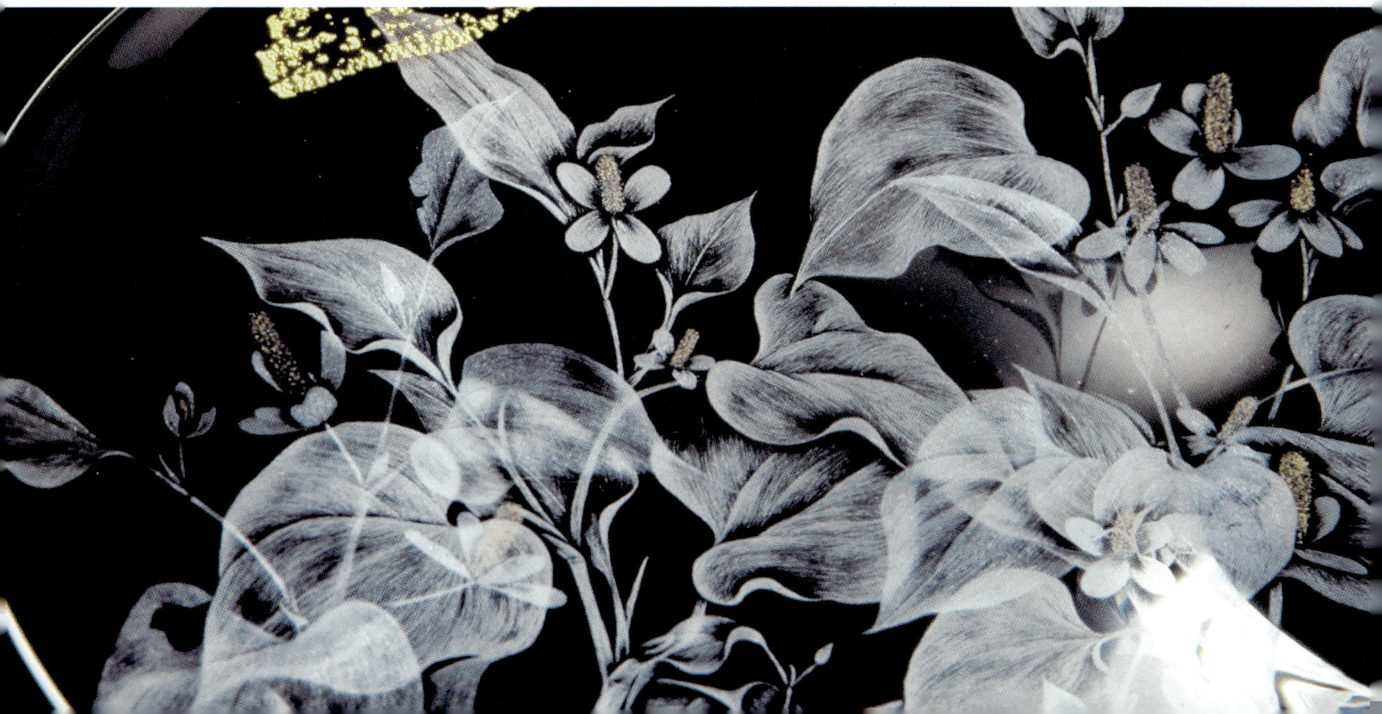

53

アジサイ

h 3 × D 46 cm

ガラス用塗料使用

パターンを使わず全てフリーハンドで彫った作品です。
フリーハンドでの作り方を少しご紹介します。

How to

1 アジサイの花と葉の彫る位置を決めてサインペンでしるしをつけます。
2 ガラスが大皿の為、全部を埋めて彫ると重い印象になりがちです。その為、しるしの中を全て彫る方法と、一部を彫らずに空けておく方法の2種にします。
3 葉は、輪郭線と葉脈を少し太くし、ダイヤモンドポイントペン(p.79)で線のそばを軽く打ちます。
4 彫ったところをガラス用塗料で全て塗り、はみ出たところはきれいに拭き取ります。
5 彫らずに空けておいたところに花を少し彫り足しますが、ここには塗料は塗らず彫ったままの色にして、奥行きや陰影を感じ取れるようにします。

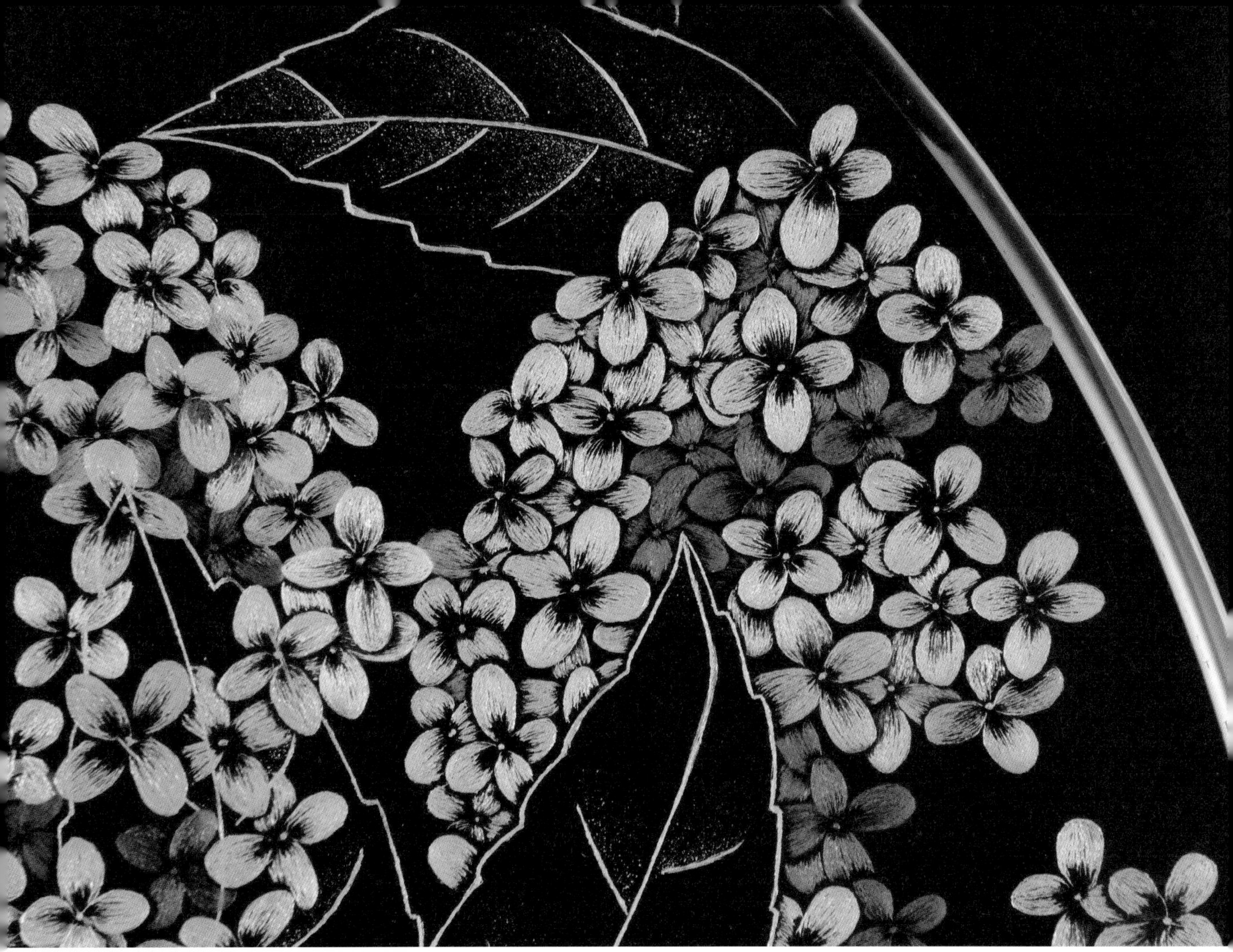

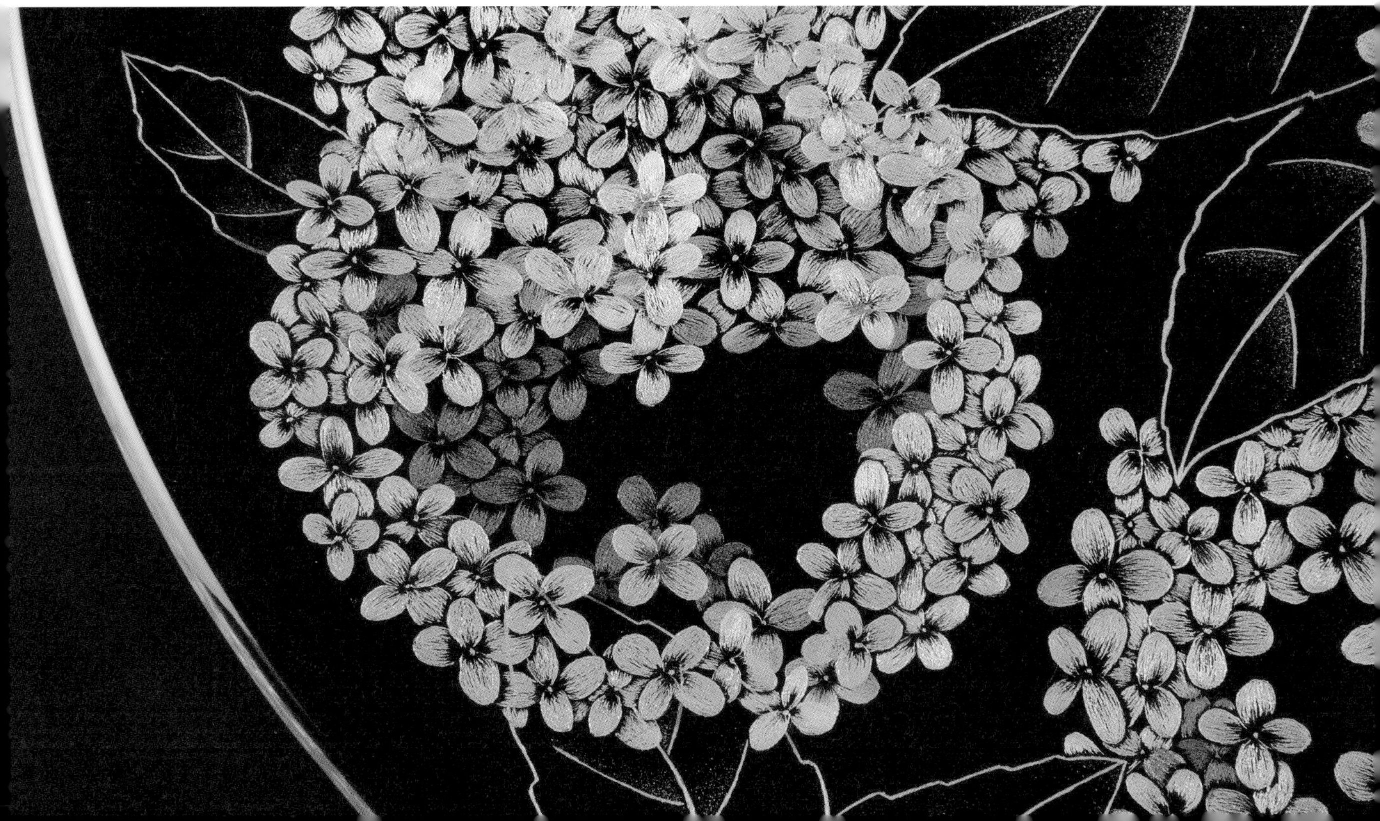

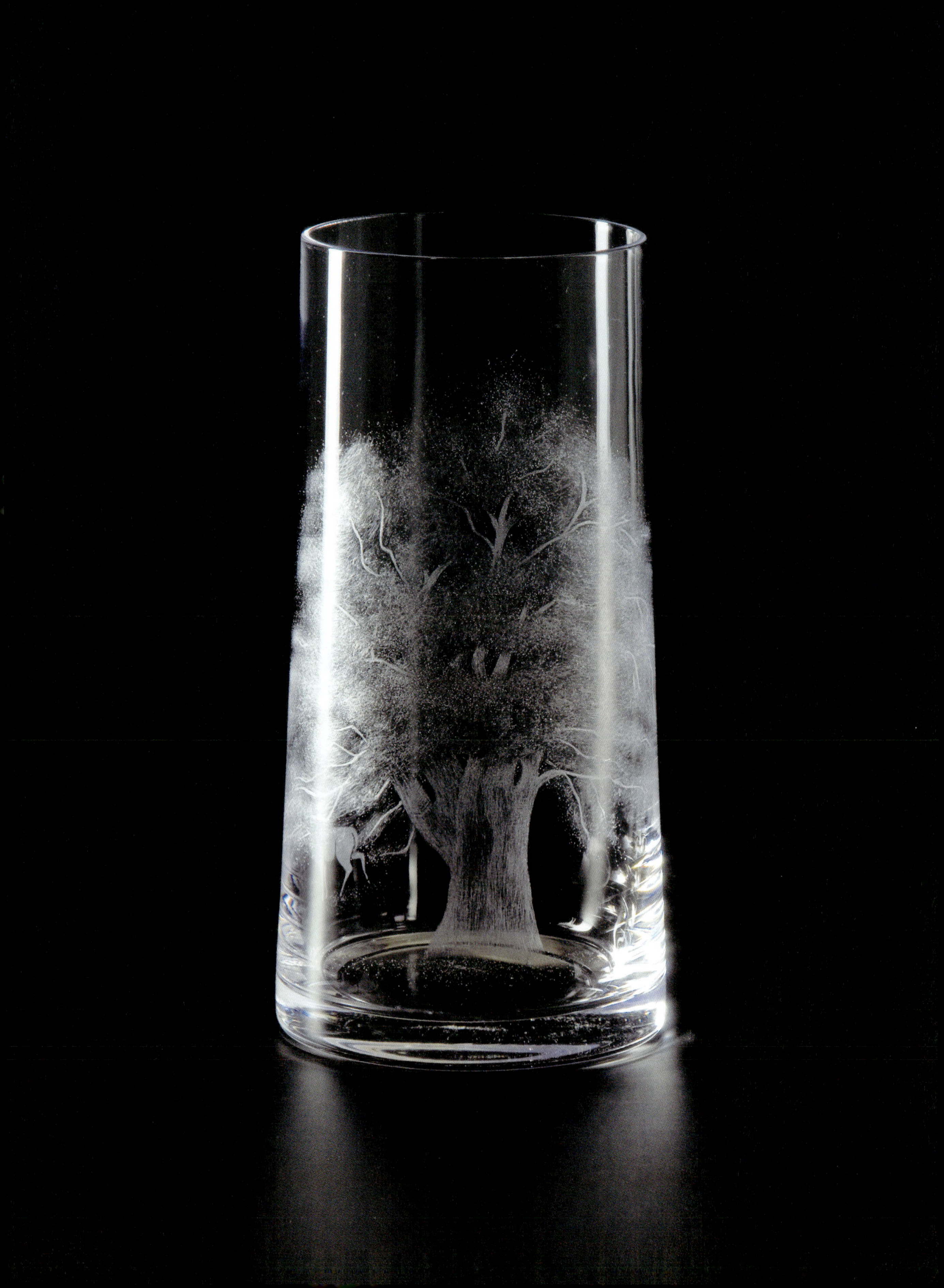

54
木
h 17 × D 8 cm

ボワーッとした木を彫りたくて、3種類の彫り方（ぼかし彫り、点刻彫り、ダイヤグミの彫り〔p.80〕）を混ぜた作品です。

How to

1　幹、枝部分は白丸針（p.79）で彫ります。
2　葉の部分にサインペンでしるしをつけます。
3　しるしの中を軽くぼかし彫り（p.80）します。
4　その上からダイヤモンドポイントペン（p.79）で軽く打ちます。）❋
5　ダイヤグミ（p.79）で不規則にこすります。
6　❋を1セットとし、濃さを確認しながら何セットか繰り返し彫り足します。
7　ひと通り終えたら、サインペンでつけたしるしを除光液で消し、隙間にも少し❋を入れ、たっぷりとした木になるようバランスを整えます。

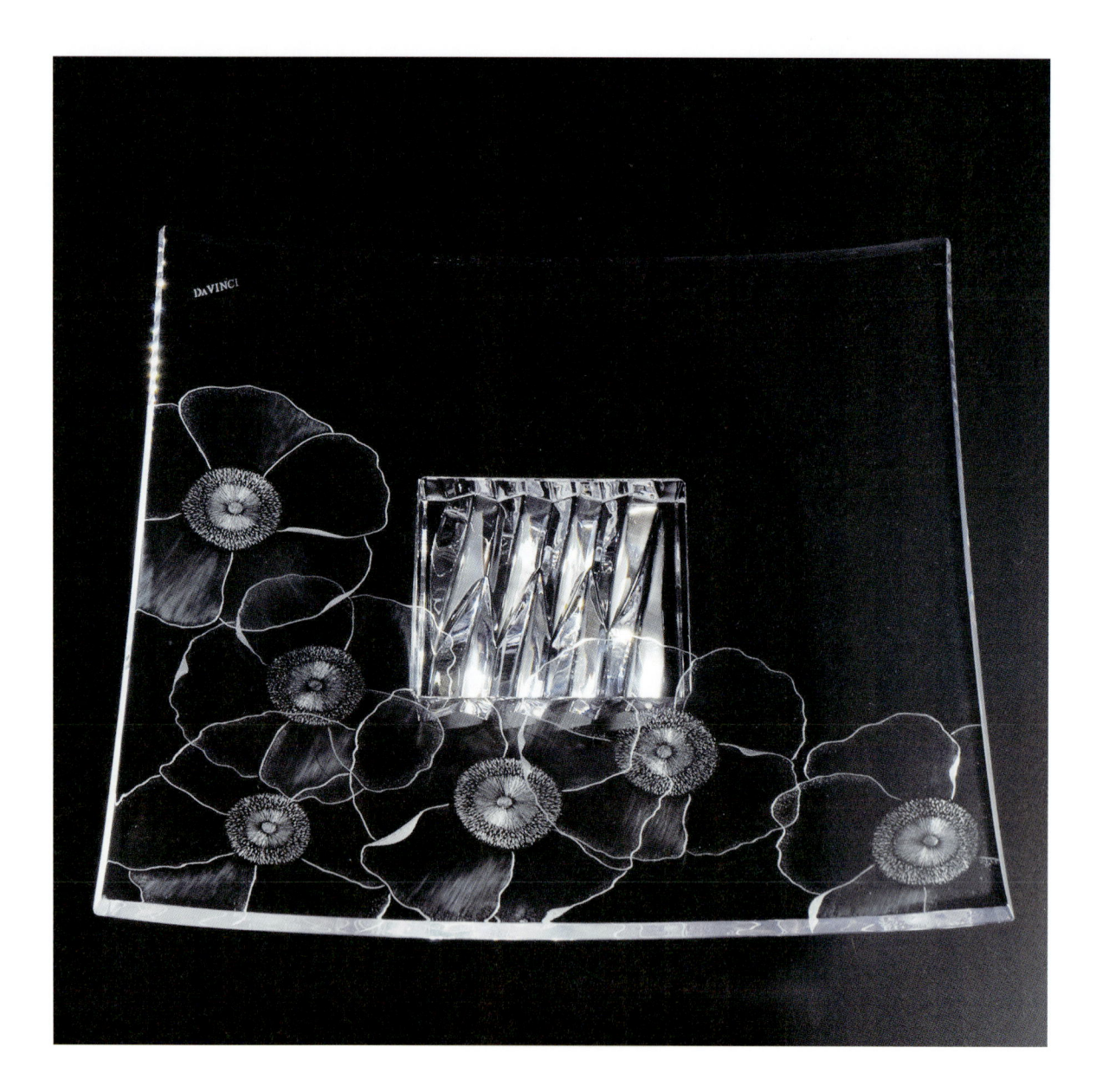

55
ポピー

h 5.2 × w 28.5 × d 28.5 cm

花びら部分のみ、ダイヤグミの針 (p.79) を使い、軽やかで透明感のある作品に仕上げます。両面彫りの作品です。

How to

1. パターンをバランス良く表と裏に貼ります。
2. 花芯部分はサインペンでしるしをつけ、他の部分の輪郭線は白丸針 (p.79) で彫ります。
3. パターンを外したら、しるしをつけた花芯を先にきれいに彫ります。
4. 輪郭線を少し太く彫り足した後、花びらの中をダイヤグミで中心に向かった一定方向で、しっかりと何回かこすります。てかり感が充分に出たら良いでしょう。

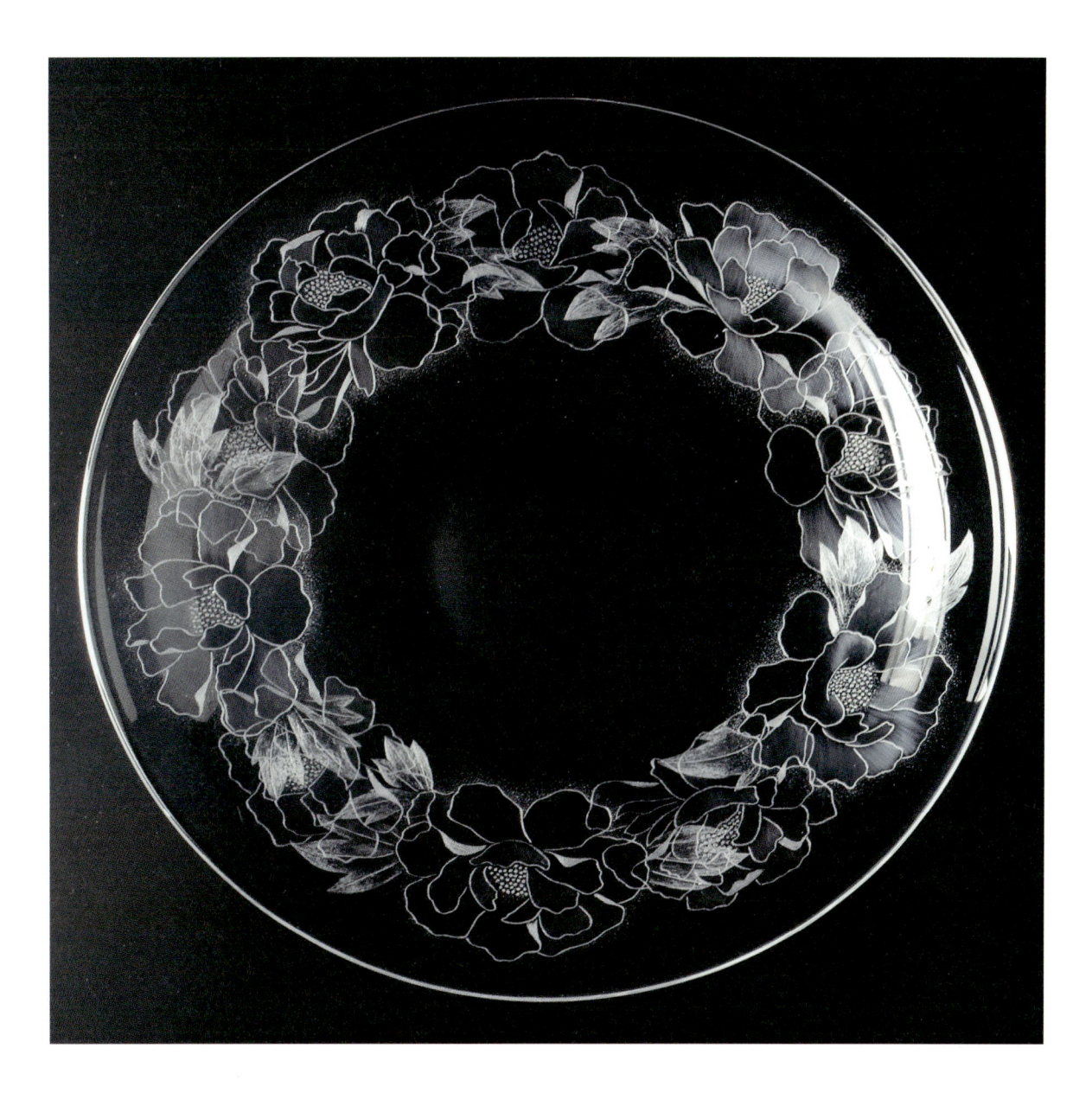

56
牡丹
h 4.5 × D 35.5 cm

> **POINT**
>
> この作品もダイヤグミによる両面彫りです。厚みがあるガラスは、彫った両面の模様が離れて奥行きが生まれ、面白い効果が強調されます。

57
点刻作品
オーストリア皇妃 エリザベート
h 20.7 × w 16.8 cm

シシィの愛称で親しまれたエリザベートは、
19世紀オーストリア帝国ハプスブルク家の
皇妃となりました。
豪華なダイヤモンドの髪飾りは大変有名です。

欧米では、手彫りガラスの事を
ダイヤモンドポイント彫りと呼ん
でいます。
そのダイヤモンドポイント彫り
の技法の中に、線描と点描が
あります。
線描は、先端にダイヤモンド微
粒子の付いたグラスリッツェン
の針を使用し、点描は、点打ち
専用のダイヤモンドポイントペ
ンを使い、点の集合体で濃淡
を表現します。

58
点刻作品
彫刻家 アリスティード・マイヨール
h 32 × w 26.5 cm

オーギュスト・ロダン、アントワーヌ・ブールデルと共に、彫刻家として19世紀末から20世紀前半に活動したフランスの彫刻家です。
マイヨールの顔は哀愁を帯びた表情で、しわが深く、鼻が高く、たっぷりとした髭も大変特徴があります。
重厚なピューターの額ととても合っています。

グラスリッツェンをはじめましょう

I. **街に出て、好きなガラスを探します。**
   デパートや雑貨店を覗いてみましょう！初めてグラスリッツェンを楽しむ方は、なるべく平らでシンプルな形のお皿がいいでしょう。

II. **何を彫るか決めましょう。**
   自分が気に入った、好きな模様を利用します。この例では、可愛い小花を彫りましょう！

III. **必要な道具をそろえましょう。**
   用意するものは、I.で見つけたガラス（この例ではガラス皿）、針とホルダー（右ページ参照）、黒い布、パターンのコピー、セロファンテープ、ハサミ、ティッシュペーパー、極細油性サインペン、除光液です。

IV. **いよいよ彫ってみます。**
   彫っている間に、わずかなガラスの粉が出ますので、時々ティッシュペーパーではらっておきましょう。

   1. パターンを切り、裏から模様が見えるようにお皿の内側からテープで貼ります。
   2. 輪郭線のみを1回だけ彫ります。白丸針で中心の丸い部分を彫り、しべ部分はサインペンでしるしをつけます。
   3. 花びらと葉の輪郭線を彫りますが、後ろの接点は、ぴたりと付けずに1mmほど空けます。
      ＊輪郭線を強く彫ってしまうとそこばかりが目立ち、本彫りの時に手間がかかりますので、強く彫らないよう気を付けます。
   4. 本彫りに入ります。パターンを外し、初めに中心の丸い部分を少しはっきりと彫り足し、そこから放射状に線を彫り、その先端に丸い粒をきれいに彫ります。
   5. 一番上にある花びらから彫り始めます。中心に向かって彫りますが、初めは薄く彫っておき、2～3周して少しずつ彫り足すと、柔らかな優しい雰囲気に仕上がります。後ろ側にある花びらの影の部分は彫る回数を減らして薄くし、陰影を感じられるようにします。
   6. 葉は中心の葉脈をはっきりと彫り、葉の中はぼかし彫り（p.80）で花よりも薄く仕上げます。

V. **あなただけのガラスのできあがり！**
   すべて彫り終えたら、除光液でサインペンのしるしを消します。はみ出たところがないかチェックし、きれいに洗って完成です。さあ！スイーツをのせて、お茶にしましょう！

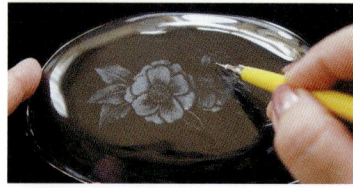

1.

2.～3.

4.～6.

完成

使用した針について

用途に合った針を使うことで、より美しい作品の仕上がりになります。

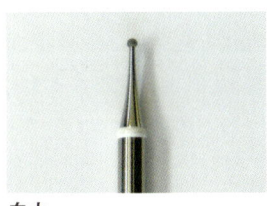

白丸
- 輪郭線　・細かな部分
- 仕上げなど

特徴：粒子が大変細かくガラスに浅く彫れる為、繊細な作品の美しさが表現できます（クリスタルガラスなど）。

白楕円
- 太い線　・広い面

特徴は白丸と同じ。広い面を彫る時は針を斜めに倒し、側面を使用。

白角
- 輪郭線
- シャープにする部分　・面

特徴は白丸と同じ。面を彫る時は針を斜めに倒し、側面を使用。

白大丸
- 丸い頭部がやや大きく、太い線用

特徴は白丸と同じ。

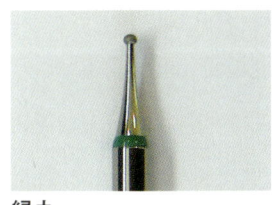

緑丸
- 輪郭線　・細かな部分
- 仕上げなど

特徴：細かい粒子。ややしっかりとしたタッチの作品が彫れます（一般のガラス、クリスタルガラスなど）。

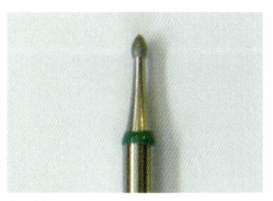

緑楕円
- 太い線　・広い面
- 先端は、緑丸に近い使い方が出来る

特徴は緑丸と同じ。広い面を彫る時は針を斜めに倒し、側面を使用。

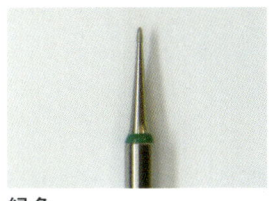

緑角
- 輪郭線
- シャープにする部分　・面

特徴は緑丸と同じ。面を彫る時は針を斜めに倒し、側面を使用。

炎
- 広い部分の面彫り用

すりガラスのように、ガラス面をしっかり彫りたい時に、針を倒し側面を使用。

ダイヤグミ
- 彫った面をなめらかにする
- 花びらや、空、水面など

ホルダー
針を先端に差し込み使用（針先は1.5cmほど出します）。

本書で使用しているダイヤモンドポイントペンは、オグラ宝石精機工業株式会社のものです。

ダイヤモンドポイントペン
- 点打ち専用ペン

ペンを軽く持ち、ガラスに対し垂直に打ちます。強く打つとペンの重みで一つ一つの点がきれいに打てないので気を付けます。

＊針は色々なメーカーから出ており、それぞれ名称が違います。
＊このページに記載されている針はすべて、ユザワヤなど大型手芸店や、インターネットで購入できます。詳しくはお近くの店舗にお問い合わせください。

色々な彫り方

植物を彫る場合、花びらのうねり、花芯の方向、陰影の付け方などよく理解してから彫ることが大切です。葉の表現は大変重要で、花がよく彫れていても葉の彫り方を疎かにすると、全てが台無しになってしまうので注意しましょう。様々な彫り方を一つの作品の中に取り入れることで、多彩な表現の、深みのある作品に仕上がります。

裏面（一面）彫り

参考作品
01. アネモネ
02. チューリップ など

お皿の場合、ガラスの裏から彫ります。一般に多く用いられる彫り方です。

合わせ彫り

参考作品
39. 浮遊菊

全く同じ模様を表裏両面から彫り合わせることで、立体感が出ます。

両面彫り

参考作品
34. ミモザ（花の部分）
35. カシワバアジサイ（花の部分）など

片面の模様を彫り終わってから、もう一方の面から一部分だけを彫ります。少しずらしたりすると面白い表情の作品が出来ます。

ダイヤグミの彫り

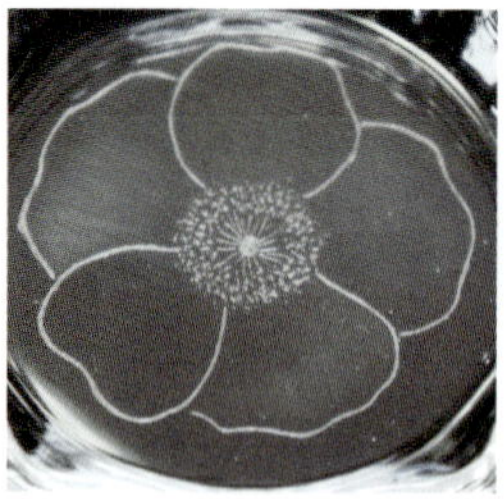

参考作品
55. ポピー
56. 牡丹

ダイヤグミを使い、花びらの中をこすると美しい。水面や雲、風に揺れるカーテンなどの表情にも大変良い効果が出ます。

ぼかし彫り

参考作品
07. シャンパンクーラー モンステラ
35. カシワバアジサイ（葉の部分）など

白丸針を使い、ガラスの表面に触れるか触れないかくらいの、弱いタッチで彫ります。不規則な動きで針目を出さず、ぼかすように彫ると良いでしょう。

点刻彫り

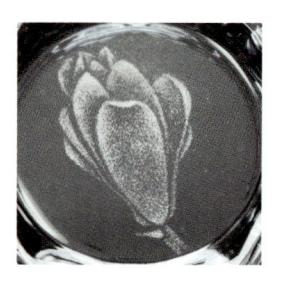

参考作品
57. オーストリア皇妃エリザベート
58. 彫刻家 アリスティード・マイヨール

ダイヤモンドポイントペンを使用。点打ちだけで模様の表現をします。大変細かい作業になりますが、他の針とはまた違った美しい魅力があります。

Part 3
パターン集

日頃から気になるお花等に出会った時は、スケッチし描きためておきます。
そのスケッチの中から、本書の作品で使用したものを掲載しました。

ガラスは平面のものや、大きくカーブしたもの等、様々な形があり、パターンをそのままでは使いにくい場合があります。
そのような時には、ガラスの形状に合わせ、パターンを拡大、縮小、切り貼りするなどして工夫しましょう。
大きい柄のものをかなり小さくして、ミニグラスや小ぶりの花瓶に使っても、イメージが変わって素敵です。

原画　伊藤啓子

＊パターンの下には、作品番号と作品名を記しました。
＊一部、掲載のないパターンもあります。

01. アネモネ、 49. Flower Garland (アネモネ)

02. チューリップ

03. 二段トレー　いちご

Noel

06. クリスマスグラス

07. シャンパンクーラー　モンステラ

08. ディナー皿　ザクロ、12. 小鉢（ディナー皿とセット）

09. ディナー皿 クズ、12. 小鉢（ディナー皿とセット）、28. 野草のささやき（クズ）

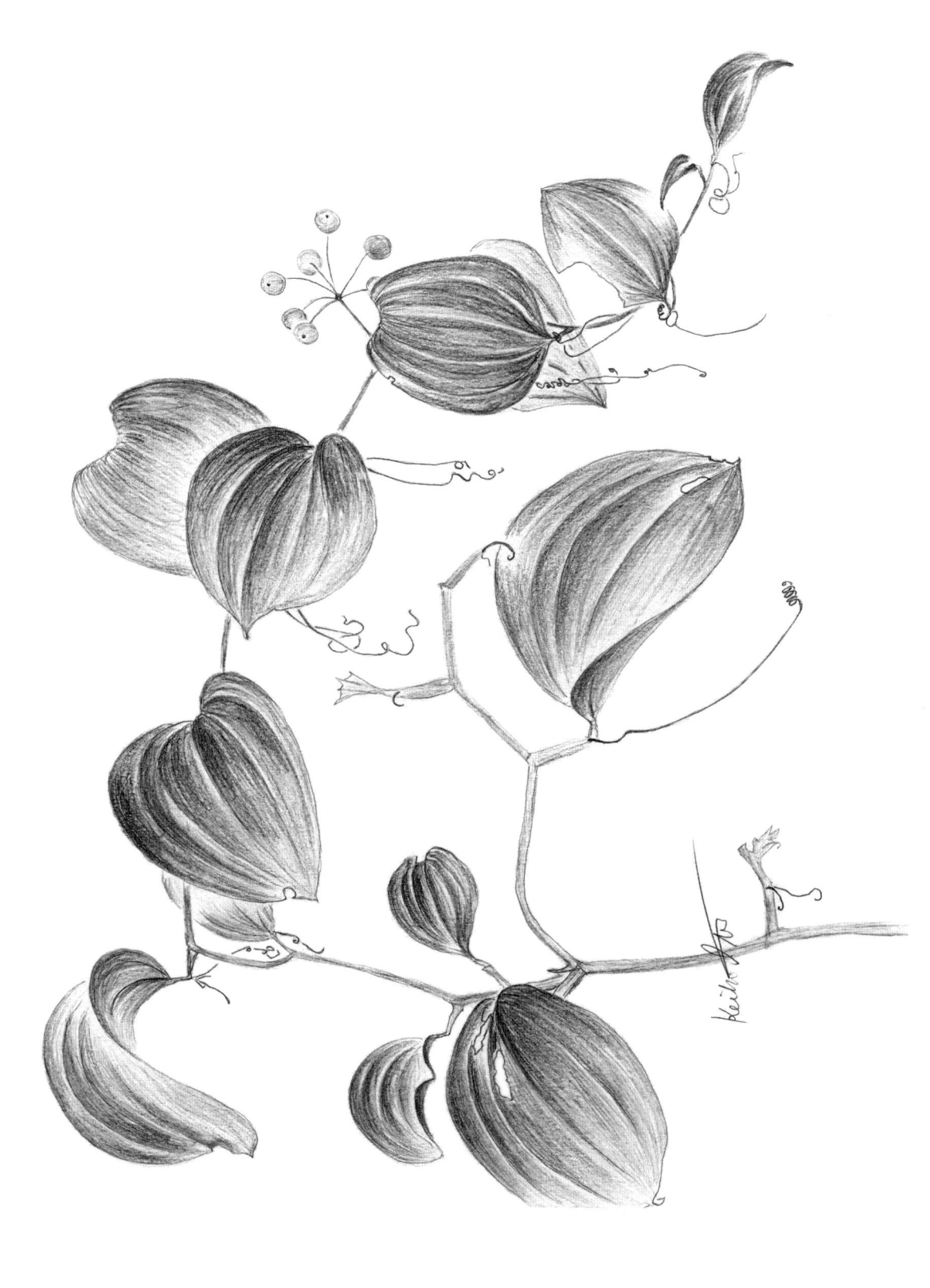

10.ディナー皿 サンキライ、12.小鉢（ディナー皿とセット）、15.ディナーベル サンキライ、30.青の魅力（サンキライ）

11. ディナー皿 カラスウリ、12. 小鉢（ディナー皿とセット）

13. デザートグラス　ミニバラ　　16. キャンドルスタンド　ドングリ

14. シャルルドゴール・バラ

14. シャンパンフルート バラ

18. デキャンター　ヴェネチアの風景

19. リキュールグラス　菊

20. プチトレー　バラ

21. トールグラス　タデ

23. ヤシャブシ

23. ヤシャブシ

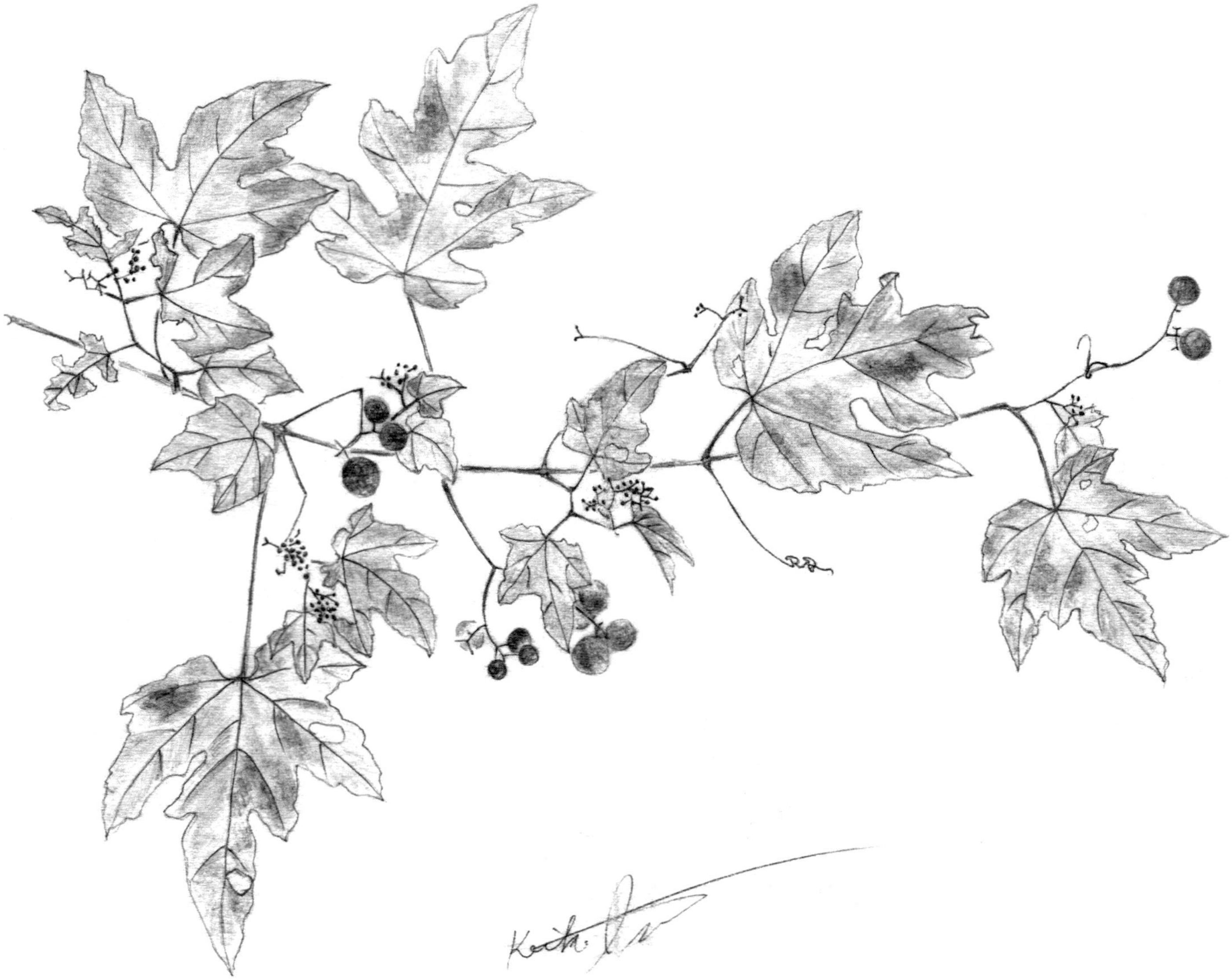

24. ノブドウ

25. ナルコユリ

26. シュンラン

27. 晚秋

28. 野草のささやき（蜂・アザミ・雑草）

29. 山百合

29. 山百合

31. オブジェ　籠たち

32. ザクロ

32. ザクロ

33. Petit Bouquet

34. ミモザ

34. ミモザ

35. カシワバアジサイ

36. グロリオサリリー

36. グロリオサリリー

36. グロリオサリリー

37. アデキャンダー 葉、38. グラス 葉

40. ミニトマト

41. 里山の風景

42. きのことかぼちゃ

43. ほおずき

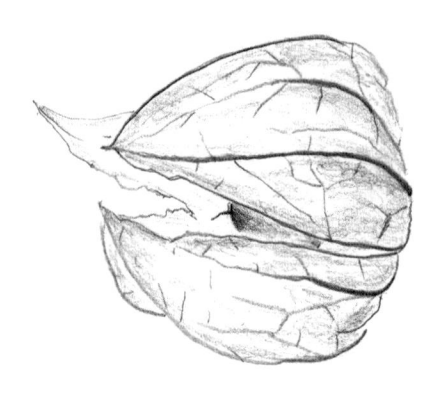

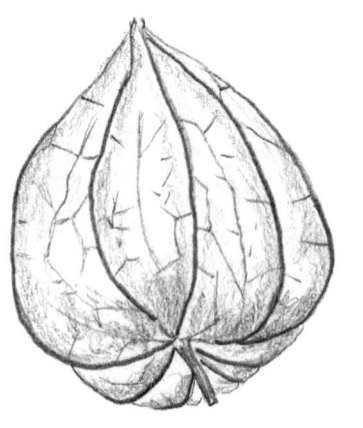

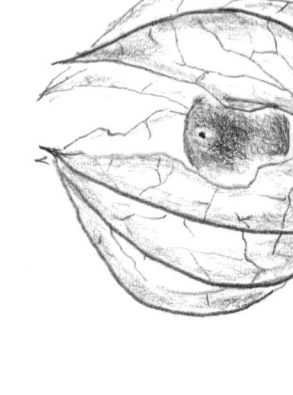

44. スイートピー

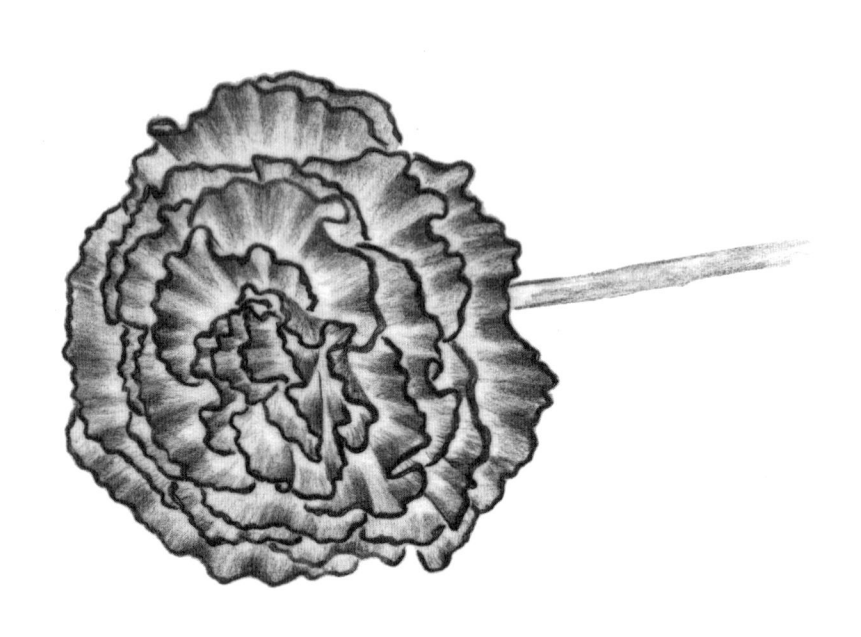

49. Flower Garland (カシワバアジサイ)

49. Flower Garland (カーネーション)

49. Flower Garland (テッセン)

49. Flower Garland (テッセン)

49. Flower Garland (ポピー)

50. アツモリソウ

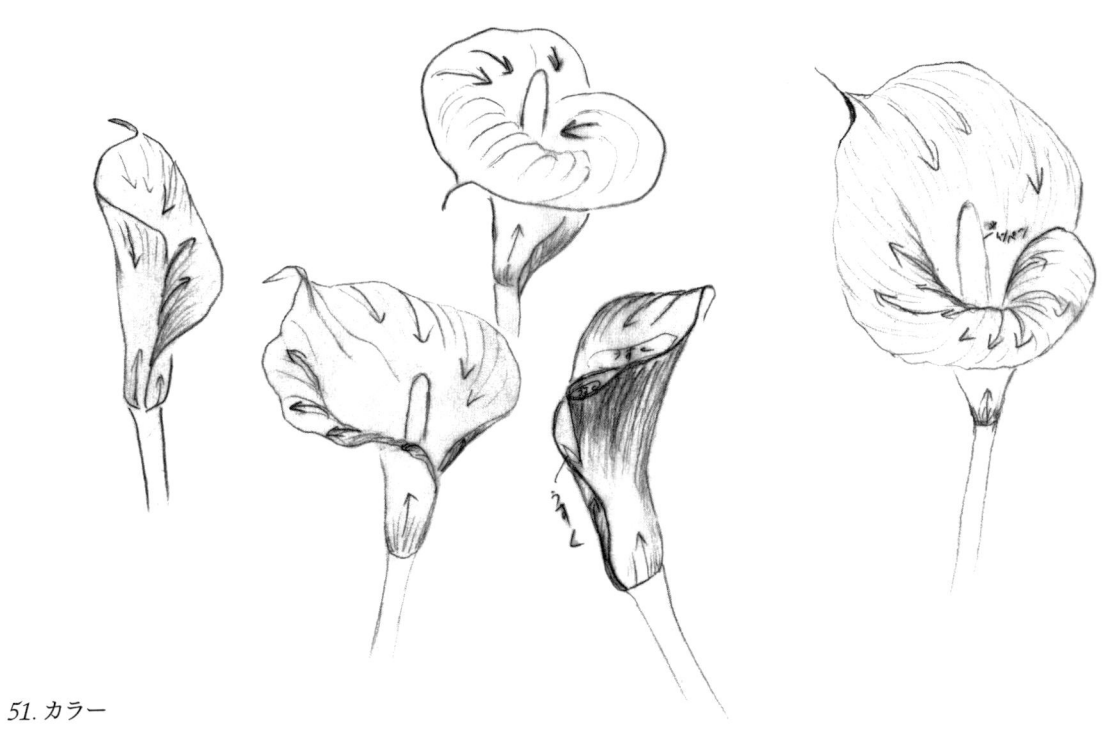

51. カラー

52. 群生（ドクダミ）

52. 群生（ドクダミ）

54. 木

55. ポピー

56. 牡丹

作品リスト

作品のデータと掲載されているページが、ひと目でわかるリストです。
是非、この中から好きな植物やモチーフを探して、あなたの彫りたい作品を見つけてください。

Part 1 SCENE

作品番号	作品名	サイズ	作品ページ	パターンページ
SCENE1｜アフタヌーンティー				
01	アネモネ	h2 × D24.5cm	p.10	p.82
02	チューリップ	h2 × D24.5cm	p.11	p.83
03	二段トレー　いちご	h30 × D30cm	p.12	p.84
04	ピッチャー　シダ	h14 × w23 × d15cm	p.13	
05	グラス　シダ	各 h9 × D7.5cm	p.13	
SCENE2｜キッズクリスマス				
06	クリスマスグラス	各 h8 × D8cm	p.16	p.85
SCENE3｜今日は、友人夫婦と我が家でディナー				
07	シャンパンクーラー　モンステラ	h20.5 × w33 × d18cm	p.20	p.86
08	ディナー皿　ザクロ	h2.5 × D25.5cm	p.21	p.87
09	ディナー皿　クズ	h2.5 × D25.5cm	p.22	p.88
10	ディナー皿　サンキライ	h2.5 × D25.5cm	p.23	p.89
11	ディナー皿　カラスウリ	h2.5 × D25.5cm	p.23	p.90
12	小鉢（ディナー皿とセット）	各 h4.5 × w14.3 × d12cm	p.24	p.87-90
13	デザートグラス　ミニバラ	各 h10.2 × D6.3cm	p.24	p.91
14	シャンパンフルート　バラ	各 h24.5 × D5.3cm	p.25	p.92-93
15	ディナーベル　サンキライ	h14 × D7.3cm	p.26	p.89
16	キャンドルスタンド　ドングリ	各 h12 × w4.8 × d4.8cm	p.26	p.91
17	カトラリーレスト	各 h1.5 × w12 × d2cm	p.27	
SCENE4｜ナイトキャップ				
18	デキャンター　ヴェネチアの風景	h34 × w14 × d6.5cm	p.30-31	p.94
19	リキュールグラス　菊	各 h12 × D5cm	p.32	p.95
20	プチトレー　バラ	各 h1.8 × w8.5 × d5cm	p.32	p.95
21	トールグラス　タデ	各 h10.5 × D3.8cm	p.32	p.95
22	キャンドルホルダー　虫の行列	h18 × D8cm	p.33	
SCENE5｜山で過ごす時間				
23	ヤシャブシ	h35 × D23.5cm	p.36	p.96-97
24	ノブドウ	h13 × w12.5 × d12.5cm	p.37	p.98
25	ナルコユリ	h2.5 × D21.5cm	p.38	p.99

作品番号	作品名	サイズ	作品ページ	パターンページ
26	シュンラン	h2.5 × D21.5cm	p.39	p.100
27	晩秋	h48 × D26cm	p.40-41	p.101
28	野草のささやき （アザミ・クズ・ノブドウ・雑草・蜂）	D50cm	p.42	p.88、 p.102
29	山百合	h40 × D30cm	p.43	p.103-104
30	青の魅力（サンキライ）	h6 × w46 × d17cm	p.44	p.89
31	オブジェ　籠たち	D15cm	p.45	p.105
32	ザクロ	h55 × D17.7cm	p.46	p.106-107

Part 2　グラスリッツェンの世界

作品集

作品番号	作品名	サイズ	作品ページ	パターンページ
33	Petit Bouquet	h16.8 × D13cm	p.48	p.107
34	ミモザ	h3 × w55 × d35cm	p.49	p.108-109
35	カシワバアジサイ	h3 × w48 × d32cm	p.50-51	p.110
36	グロリオサリリー	h71 × D23cm	p.52	p.111-112
37	デキャンター　葉	h26 × w9 × d9cm	p.53	p.112
38	グラス　葉	各 h7.5 × D5.7cm	p.53	p.112
39	浮遊菊	h4.8 × w49 × d21cm	p.54	
40	ミニトマト	h10 × D29cm	p.55	p.113
41	里山の風景	h24.5 × w15 × d9cm	p.56	p.114
42	きのことかぼちゃ	h14.5 × D14cm	p.57	p.115
43	ほおずき	h9.8 × D18.5cm	p.58	p.116
44	スイートピー	h13 × w11 × d10cm	p.59	p.117
45	色被せガラス　デキャンター　牡丹	h25 × D13cm	p.60	
46	色被せガラス　デザートグラス　バラ、牡丹	各 h11 × D9.7cm	p.61	
47	Antique	各 h3 × w13 × d9.8cm	p.62	
48	Marching Band	h15.7 × D12cm	p.63	
49	Flower Garland （アネモネ・カシワバアジサイ・カーネーション・テッセン・ポピー）	h22 × D31.5cm	p.64-65	p.82、 p.118-120
50	アツモリソウ	h2.5 × D21.5cm	p.66	p.121
51	カラー	h14.5 × D23.3cm	p.67	p.121
52	群生（ドクダミ）	h12 × w65 × d35cm	p.68-69	p.122-123
53	アジサイ	h3 × D46cm	p.70-71	
54	木	h17 × D8cm	p.72-73	p.124
55	ポピー	h5.2 × w28.5 × d28.5cm	p.74	p.124
56	牡丹	h4.5 × D35.5cm	p.75	p.125
57	点刻作品　オーストリア皇妃　エリザベート	h20.7 × w16.8cm	p.76	
58	点刻作品　彫刻家　アリスティード・マイヨール	h32 × w26.5cm	p.77	

パターンの掲載の無い作品のうちのいくつかは、以下の本をパターンとして使用しました。

Carol Belanger Grafton, *Shoes, Hats and Fashion Accessories: A Pictorial Archive, 1850-1940*, Dover Publications, 1998
Graphic Ornaments（Agile Rabbit Editions）, The Pepin Press, Amsterdam, 2007
『THE ハプスブルク Treasures of the Habsburg Monarchy』展図録、2009-10年、国立新美術館 京都国立博物館
『マイヨール展　ARISTIDE MAILLOL』図録、1994年、三越美術館・新宿（ほか6会場巡回）

あとがき

グラスリッツェンを始めてみると、表現方法は様々あり、
非常に奥の深いものであることが分かります。
ほんの少しパターンの位置を変えるだけでイメージが変わってしまいますので、
器とパターンに合った構成になるよう時間をかけましょう。
先を急ぐと雑な仕上がりになりやすいので、じっくり取り組む事が大切です。
植物を彫る時は、花と葉の分量や全体のバランスに気を付け、空間を生かし、
広がりを感じられるようにします。
器を生かし、センスが光るエレガントで美しい作品が出来上がれば、大成功でしょう。

Glasritzen グラスリッツェン
美しい手彫りガラスの世界

2013年6月9日 初版発行

著者	伊藤啓子
撮影	高橋文雄　伊藤啓子
ガラス制作	島村信一

企画	上高家 諭（美術出版社）
編集	廣瀬 歩（美術出版社）
デザイン	川野直樹（美術出版社）
印刷製本	光村印刷株式会社
発行人	大下健太郎
発行	株式会社美術出版社
	〒101-8417 東京都千代田区神田神保町3-2-3 神保町プレイス9階
	TEL 03-3234-2153（営業）　TEL 03-3234-2127（編集）
	振替 00130-3-447800
	http://www.bijutsu.co.jp/bss/

©Keiko Ito, Bijutsu Shuppan-Sha Co., Ltd. 2013
Printed in Japan
ISBN978-4-568-14360-7 C2072